CON GRIN SUS CONOCIMI
VALEN MAS

- Publicamos su trabajo académico,
  tesis y tesina

- Su propio eBook y libro - en todos
  los comercios importantes del mundo

- Cada venta le sale rentable

Ahora suba en www.GRIN.com
y publique gratis

Bibliographic information published by the German National Library:

The German National Library lists this publication in the National Bibliography; detailed bibliographic data are available on the Internet at http://dnb.dnb.de .

Imprint:

Copyright © 2018 GRIN Verlag
Print and binding: Books on Demand GmbH, Norderstedt Germany
ISBN: 9783668694361

This book at GRIN:

https://www.grin.com/document/420498

José Raúl Pérez Martínez

El disco duro como medio masivo de almacenamiento

Cuidados y mantenimiento

GRIN Verlag

Índice (Index)

Página de Presentación

Título: El disco duro como medio masivo de almacenamiento. Cuidados y mantenimiento.

Title: The hard disk as a massive storage medium. Care and maintenance.

Autor: José Raúl Pérez Martínez

Author: José Raúl Pérez Martínez

Nota del autor: Las Imágenes que encontrará en este ensayo académico disponen de licencia Creative Commons 0 (CC0) y han sido obtenidas en http://Pixabay.com. Las referencias bibliográficas presentes en esta obra se encuentran acotadas según Normas Vancouver.

Author's note: The images that you will find in this academic essay have Creative Commons license 0 (CC0) and have been obtained in http://Pixabay.com. The bibliographical references present in this work are limited according to Vancouver Norms.

RESUMEN:

El presente ensayo académico aborda, a nivel conceptual, la definición de disco duro o hard drive, desde el punto de vista de su utilidad y función dentro de una computadora, declarando su papel dentro del sistema como dispositivo de almacenamiento masivo. Se abordan temáticas muy estrechamente relacionadas al disco duro, tales como: la lentitud con que algunos de estos componentes recuperan los datos almacenados, cómo realizar comprobaciones y reparaciones de discos duros con herramientas proporcionadas por el propio sistema operativo, la fragmentación de los datos contenidos en un disco duro (como fenómeno enlentecedor del acceso a los datos), los discos duros que no están siendo reconocidos por el sistema y la capacidad de almacenamiento de información en función del formato de tabla de ubicación de archivos (FAT por sus siglas en Inglés) y el tamaño que adoptan los clusters en cada formato, entre otros problemas que aquejan comúnmente a nuestras unidades de almacenamiento masivo.

Palabras clave: disco duro, computadora, dispositivo de almacenamiento masivo, fragmentación, desfragmentación, tabla de ubicación de archivos.

ABSTRACT:

The present academic essay deals, at the conceptual level, the definition of a hard drive, from the point of view of its usefulness and function within a computer, declaring its role within the system as a mass storage device. Themes are approached very closely related to the hard disk, such as: the slowness with which some of these components recover the stored data, how to carry out checks and repairs on the hard disks with tools provided by the operating system itself, the fragmentation of the data contained in a hard disk (as a phenomenon that slows down the access to the data), hard disks that are not being recognized by the system and the storage capacity of information based on the file location table format (FAT for its acronym in English) and the size adopted by the clusters in each format, among other problems that commonly affect our mass storage units.

Keywords: hard drive, computer, mass storage device, fragmentation, defragmentation, file allocation table.

INTRODUCCIÓN

Durante un período relativamente largo de la historia de las computadoras personales, los discos duros fueron considerados componentes problemáticos por la mayoría de los usuarios. La instalación, la añadidura de uno de más de estos componentes al sistema, su desinstalación y reparación quedaba en las manos de los técnicos y especialistas de hardware.

Los informáticos que querían actualizar una unidad existente o agregar una nueva unidad a sus sistemas, tuvieron que lidiar con las configuraciones variables por medio de la manipulación de uno o varios "jumper" o puentes, así como aplicar cambios en la configuración del BIOS del sistema. Tratar con un disco duro problemático constituía un verdadero quebradero de cabeza, reservado únicamente a expertos, ingenieros en electrónica o especialistas en arquitectura de micorcomputadoras, entre otros entendidos.

La creciente importancia que revisten los discos duros para las computadoras personales del presente y futuro, así como la amplia variedad de arquitecturas disponibles en el mercado, la miniaturización de componentes, entre otros factores, han dado lugar a la aparición de mecanismos más sencillos para la instalación, añadidura y resolución de problemas concernientes a estos elementos destinados al almacenamiento masivo de información.

A pesar de lo aquí expresado, existe un conjunto de elementos que todo usuario debería conocer para lidiar con los esporádicos problemas que puede presentar un disco duro. El presente ensayo académico pretende abordar temáticas tales como: la lentitud con que algunos discos duros recuperan los datos almacenados en él, a expensas de la fragmentación o la manifestación de errores; cómo realizar comprobaciones y reparaciones de discos duros con herramientas proporcionadas por el propio sistema operativo; la fragmentación de los datos contenidos en un disco duro, como fenómeno enlentecedor del acceso a la información; los discos duros que no están siendo reconocidos por el sistema y la capacidad de almacenamiento de información en función del formato de tabla de ubicación de archivos FAT y el tamaño que adopten los clusters en cada formato, entre otros problemas que aquejan comúnmente a nuestras unidades de almacenamiento masivo.

Este ensayo académico reserva un espacio final para abordar los inminentes errores fatales, las alertas inteligentes y la manera de aprovechar las mismas para realizar copias de seguridad de los datos contenidos en estos discos duros que se encuentran a punto de fallar y que presentarán (probablemente) algunos daños físicos de los que no se podrán recuperar, en un futuro próximo.

Aunque a un nivel básico y sin ánimo de entrar en detalles técnicos que no son de especial utilidad para los usuarios comunes, se trabaja a nivel conceptual, la definición de disco duro o hard drive, desde el punto de vista de su utilidad y función dentro de una computadora, declarando su papel dentro del sistema como dispositivo de almacenamiento masivo, en él se instalan el sistema operativo y los programas de aplicación que va a utilizar el usuario, en conjunto con algunos utilitarios, así como los documentos que vayan generando las aplicaciones.

DESARROLLO:

Durante un período de la historia de las computadoras personales, los discos duros fueron un componente problemático. Los usuarios que querían actualizar una unidad existente o agregar una nueva unidad a sus sistemas, tuvieron que lidiar con las configuraciones variables por medio de la manipulación de uno o varios "jumper" o puentes, así como aplicar cambios en la configuración del BIOS o sistema básico de entrada / salida, por sus siglas en Inglés (basic Input / output system). Tratar con un disco duro problemático constituía un verdadero quebradero de cabeza, reservado únicamente a expertos, ingenieros en electrónica o especialistas en arquitectura de micorcomputadoras.

Pero no hay duda de que esas cosas han cambiado.

Hoy en día, los discos duros son muy fáciles de instalar. Y resulta igual de fácil solucionar los problemas que se manifiestan durante su utilización o añadidura en un sistema automatizado IBM compatible. La mayoría de los problemas que los usuarios le achacan al disco duro en realidad son causados por el sistema operativo, por la presencia de algún virus o alguna otra causa relacionada con el software. Eso no quiere decir que puede instalar un disco duro en su computadora y olvidarse de eso.

Para poder continuar tratando el tema de los discos duros, se hace necesario conceptualizar qué se entiende como tal y cuáles son las características que los diferencian de otros elementos más o menos similares.

Un disco duro es el dispositivo de almacenamiento masivo de que disponen prácticamente todas las computadoras modernas (a excepción de algunos clientes ligeros y otros pocos casos). En él se instalan el sistema operativo y los programas de aplicación que vamos a utilizar, en conjunto con algunos utilitarios, así como los documentos que se vayan creando con esas aplicaciones. Es importante recordar que el disco sólo se utiliza como medio de almacenamiento. Cuando los programas se ejecutan, deben transferirse previamente a la memoria, que es de donde el procesador es capaz de ejecutar las instrucciones. [1] Esto también tiene lugar debido a un problema de velocidad de acceso a la información, ya que el disco duro es mucho más lento en sus procesos de lectura / escritura que la memoria RAM (Random Access Memory) o memoria de acceso aleatorio del sistema, por esta razón la información es leída y pasa a la RAM, de ahí pasa a ser procesada y regresa al disco duro cuando es necesario su almacenamiento, una vez más se insiste en el hecho de que los discos duros son medios masivos de almacenamiento.

A continuación se muestra un conjunto de situaciones en las que es preciso trabajar en el disco duro para mejorar su desempeño o hacerlo posible. El lector podrá constatar que existen circunstancias en las que no se puede esperar una recuperación del disco duro pero sí puede rescatarse parcial o totalmente la información útil contenida en este soporte masivo de información.

Qué hacer cuando el disco duro funciona con mucha lentitud.

El rendimiento lento es el resultado de problemas comunes relacionados con la unidad, como la fragmentación, los errores presentes en el disco duro, los archivos entrecruzados y los clústeres perdidos. ¿Qué causa estos problemas? Por norma general no se trata de la unidad de disco, sino del sistema operativo.

De hecho, el mantenimiento de la unidad es en realidad un proceso de corrección de los errores que surgen en el transcurso de la interacción diaria del sistema operativo con el dispositivo de almacenamiento. Desafortunadamente, el sistema operativo Windows es propenso a errores en este sentido, por lo que se deben realizar estas acciones correctivas con bastante frecuencia. Si usted trabaja a diario con su computadora, si genera archivos de trabajo todos los días, es adecuado llevar a cabo un mantenimiento de este tipo aproximadamente cada tres meses.

Eliminar datos innecesarios. Cuando el disco tiene poco espacio, suelen ocurrir cosas extrañas e indeseables. La fragmentación del disco se vuelve más pronunciada, por ejemplo, y la memoria virtual (un área en el disco duro que sirve como un desbordamiento para la memoria del sistema) no funciona bien. Para minimizar la probabilidad de que se manifiesten tales problemas, debe mantener el disco duro limpio de archivos de datos innecesarios, incluidos los archivos temporales, los archivos de Internet contenidos en el caché y los archivos de programas descargados.

No sé si sabrá usted, estimado usuario, que conforme vamos navegando y trabajando con el ordenador, el disco duro se va llenando de muchos archivos innecesarios que van ocupando espacio de forma inútil. Una de las causas más comunes para acumular basura en el ordenador es la descarga incompleta de archivos. Por ejemplo el proceso inconcluso de descarga de un programa u otro archivo de Internet, probablemente producirá que este se quede almacenado en el disco duro ocupando espacio y no sirviéndote para nada. Le sorprendería saber cuánto espacio se puede llegar a perder por este motivo, la pérdida puede estar en el orden de los gigas de espacio desperdiciado. [2]

La forma más fácil de eliminar estos archivos es emplear la Utilidad de limpieza de disco, que viene con su versión de Windows. Este utilitario le permite designar qué archivos desea eliminar, y luego los busca y los elimina. Por lo general, en sistemas operativos tale como Windows XP, Windows 98 o Millenium, se puede acceder a esta utilidad abriendo el menú Inicio y seleccionando Programas, Accesorios y Herramientas del sistema.

Busque errores de unidad. Los errores de unidad son problemas menores que afectan a un área pequeña del disco duro, lo que impide el almacenamiento de datos en la ubicación en particular. Estos errores pueden tomar muchas formas y la mayoría de las veces afectan los sectores del controlador (una ubicación en el disco donde se almacenan los datos) y los clusters (un grupo de sectores relacionados). Algunos de los errores de unidad más comunes son los sectores defectuosos (sectores que no pueden contener datos), los clústeres perdidos (clústeres que el disco duro cree que están en uso, pero no es así) y los archivos entrecruzados (dos o más archivos que intentan emplear un cluster dado). Afortunadamente, todos estos problemas se pueden identificar y corregir por medio de determinados utilitarios que detectan tales errores y también son capaces de repararlos.

Revisar, comprobar y reparar discos duros con CHKDSK mediante la línea de comandos en Windows

Chkdsk.exe (su nombre es la abreviatura de Check disk), es una aplicación incluida en la mayoría de las versiones de Windows. Es utilizada para mostrar el estado y la integridad del sistema de archivo de los discos duros, memorias, tarjetas y otros medios de almacenamiento. Este utilitario incorporado al sistema operativo, es capaz de escanear, revisar y reparar problemas físicos en la superficie de los discos duros, tales como sectores defectuosos, así como recuperar los datos, de ser posible. También es capaz de reparar errores lógicos en el sistema de archivos como corrección de clústeres perdidos, archivos con vínculos cruzados o errores en directorios. [3]

Por sus funcionalidades es uno de los comandos más importantes y útiles de Windows. Puede ser empleado por cualquier persona aun sin conocimientos, aunque posee varias opciones avanzadas. Es recomendado usar CHKDSK ante cualquier señal de un conflicto en el sistema de archivos de los discos duros, antes de acudir a herramientas y programas ajenos a Windows. [3]

Existen tres formas de ejecutar el CHKDSK, a saber:

- Usando la línea de comandos a la cual se accede a través de la consola de CMD o Símbolo del sistema, con el comando CHKDSK, de esta forma también se pueden consultar sus opciones avanzadas.

- Al comando CHKDSK también se puede acceder por medio de la herramienta Ejecutar que se abre con las teclas Windows + R.

- Por último también es posible ejecutarlo para revisar o reparar un disco, cuando no es posible iniciar el sistema operativo, desde la Consola de recuperación o una ventana de MSDOS que se puede abrir usando el disco de instalación de Windows o un disco de arranque.

El paso final para mantener con buena salud a cualquier disco duro, es la desfragmentación de la unidad. Esto consiste en el proceso de organizar los datos presentes en el disco. A continuación se explicará en qué consiste y cómo funciona dicho proceder.

Los datos en el disco se almacenan en pequeñas piezas, llamadas fragmentos, y estos fragmentos son situados en el disco por el sistema operativo. En circunstancias ideales, los fragmentos se sitúan de manera tal que permiten una recuperación eficiente por parte del sistema operativo. Sin embargo, en la medida en que se agregan nuevos datos y eliminan otros más antiguos, las cosas se ponen un poco complicadas.

Básicamente, los fragmentos terminan dispersos por todo el disco. Tal fragmentación (así es como se denomina a este fenómeno) hace que el rendimiento del dispositivo sufra debido a que el sistema operativo exige más tiempo para ubicar y recuperar o leer los fragmentos grabados en el disco, correspondientes a un determinado archivo o fichero.

Para resolver el problema, debe ejecutar el Desfragmentador de disco. Esta útil herramienta de mantenimiento reorganiza los datos en el disco y marca cualquier sector defectuoso que encuentre. Puede acceder al Desfragmentador de disco desde las herramientas del sistema en el menú Inicio. Ejecute la utilidad al menos una vez cada seis meses, y con más frecuencia si usted es de los que diariamente agrega a su disco duro una cantidad variable de nuevos archivos de trabajo, de música, entre otros o si elimina con frecuencia aquellos archivos que no necesita más.

Qué hacer cuando el sistema no reconoce al disco duro instalado.

Esta es la peor pesadilla para cualquier usuario de computadoras. Ya sea que ocurra la primera vez que instale la unidad o después de años de uso, la pérdida de un disco duro es un fuerte golpe para su sistema informático. Tal problema puede tener muchas causas; a continuación se abordarán las más comunes.

Instalación incorrecta: es probable que se produzcan problemas serios de la unidad durante e inmediatamente después de la instalación. Esos problemas incluyen conexiones incorrectas o cables sueltos, configuraciones de "jumpers" o puentes incorrectamente establecidas e instalaciones de software incompletas o defectuosas. Si su disco no funciona después de instalarlo, lo primero que debe hacer es echar un vistazo a estas tres cosas.

Las conexiones de cable son en realidad lo más fácil de corregir. Primero, asegúrese de que tanto el cable de alimentación como el cable de datos, ambos se encuentran adecuadamente insertados en sus sockets receptores, tanto en el disco duro como a nivel de Tarjeta Madre o Motherboard. El cable de datos conecta al disco duro con la Motherboard, mientras que el cable de alimentación parte de la fuente de la computadora y debe quedar firmemente anclado al disco duro, si alguno de estos cables queda suelto o mal insertado, el disco duro no será reconocido por el problema y dará la falsa impresión de estar averiado. Como ya antes se había explicado; el cable de datos es un elemento plano que se conecta a un receptor largo y delgado en la parte posterior de la unidad. El otro extremo del cable se conecta a un puerto IDE (Integrated Drive Electronics) o SATA en la placa base.

Si su máquina ya tiene algunos años de funcionamiento, quizá note que su cable de datos tiene tres receptores (no obligatoriamente) y es posible que deba compartir el cable con otro disco duro o una unidad de lectura / escritura de CD o DVD. Cualquiera que sea el caso, asegúrese de que todos los conectores queden ajustados en los puertos apropiados.

Es recomendable utilizar el cable de datos que viene con su nuevo disco en lugar de reciclar el cable viejo que ya está instalado en su computadora personal. El uso del cable antiguo puede causar problemas tales como el no reconocimiento de una unidad, por ejemplo. La actualización del cable es una buena idea, ya que garantiza la integridad de los datos y le permite eliminar un elemento envejecido, quien pudiera presentar algunos daños apenas perceptibles pero sí responsables de no pocos trastornos y mal funciones.

A continuación, debe verificar nuevamente la configuración del "jumper" o puente de la unidad. La posición actual del jumper indica si el dispositivo es el maestro (primario) o el esclavo (secundario) conectado al puerto IDE, si su máquina utiliza aún discos duros de ese tipo.

La configuración de los "jumpers" o puentes que utiliza, depende de si la unidad es el único dispositivo conectado a un puerto IDE o si comparte el puerto con otro dispositivo. En el primer caso, la configuración del puente debe estar en la posición maestra. En el último caso, la configuración del jumper debe ser opuesta a la configuración de los otros dispositivos en los puertos compartidos configurados como maestros, lo cual implica que el nuevo disco rígido deba configurarse como esclavo.

Consulte el manual del usuario para aprender a verificar y cambiar la configuración de los puentes o jumpers para el nuevo disco duro y cualquier otro dispositivo conectado al puerto IDE. Aunque hayan pasado muchos años, no se deshaga nunca de los manuales que vinieron con su computadora, es conveniente guardar y tener a mano el manual de la Motherboard, del Display o Monitor, así como de los discos duros y demás elementos instalados al sistema. Siempre se puede regresar a estos documentos para recabar información que ayude a solucionar un amplio conjunto de circunstancias adversas.

Finalmente, debe **asegurarse de haber instalado los controladores de dispositivo adecuados y las actualizaciones del BIOS** (software que controla las rutinas de inicio del hardware para una computadora personal), que deberían haberse integrado en el software de instalación que acompañaba a la nueva unidad. Si cree que el software está causando el problema, intente ejecutarlo nuevamente. Póngase en contacto con el fabricante de la unidad para obtener una actualización de software si el mismo no funciona adecuadamente y no dispone de una versión superior.

Le recomendamos que aproveche el software de instalación que viene con su disco duro. Este software monitorea el estado de la unidad mientras la instala e informa cualquier problema que ocurra. Lo ayuda a resolver problemas, incluidas las limitaciones de BIOS y conflictos de dispositivos. La conclusión aquí es que puede evitar instalaciones problemáticas simplemente utilizando el software de instalación incluido con su nueva unidad.

Cerciórese de no estar siendo víctima del ataque de un virus informático. Pudiera tratarse de un virus que ataca el BIOS, el registro de arranque (datos que controlan el inicio del sistema operativo) o el sistema de archivos de la unidad (el método que el sistema operativo usa para realizar un seguimiento de los archivos en un dispositivo de almacenamiento) podría tornar inaccesible a la unidad de disco en cuestión, tal vez incluso impidiendo el arranque del sistema (inicio). Es común que los usuarios que experimenten este problema, que ocurrirá después de que la unidad se haya instalado y funcione correctamente durante un tiempo, asuman que la unidad se dañó y compren una nueva. Tal actualización es relativamente costosa e innecesaria.

Muchos problemas relacionados con el funcionamiento óptimo del disco duro son causados por la presencia de un virus en el sistema. Es un riesgo grave operar una computadora personal que no cuenta con su correspondiente software antivirus, correctamente instalado y actualizado. El software antivirus se instala en la carpeta de inicio de su computadora para que siempre se ejecute cada vez que el usuario enciende la máquina. Cuando el software identifica un virus, intenta destruir el mismo y devolver los archivos de datos afectados a sus condiciones previas.

Algunas de las aplicaciones antivirus más populares en el mercado son Norton Antivirus y McAfee. Cualquiera que elija, asegúrese de aprovechar las actualizaciones del producto, que mantienen su sistema protegido contra la última legión de virus presente en Internet.

Falla mecánica. La falla de la unidad es bastante rara, pero puede suceder. Si el disco inexplicablemente deja de funcionar después de años (o incluso horas) de uso y usted descarta una infección viral, debe considerar la posibilidad de una falla mecánica. Sin embargo, antes de devolver el disco al fabricante, debe visitar el sitio web del mismo y descargar la prueba de diagnóstico que probablemente encuentre allí, dicha prueba ayuda al usuario a rectificar el problema real y evita que envíe innecesariamente su unidad de vuelta al fabricante. Tanga en cuenta que de esta forma se puede ahorrar muchos quebraderos de cabeza y tiempo.

Qué hacer si el disco duro no está guardando tantos datos como debería

A medida que pasa el tiempo y la tecnología avanza, muchos usuarios finalmente se quedan sin espacio de almacenamiento. Sin embargo, todavía no cambie su viejo disco. Es posible que su disco no contenga tantos datos como debería. Si cree que su disco no está a la altura de la capacidad de disco declarada por el fabricante, debe investigar cuatro posibles fuentes: particionamiento ineficiente, restricciones del sistema de archivos, limitaciones de BIOS y publicidad falsa.

El Particionado. Se ha escrito mucho sobre las particiones, esas áreas virtuales en un disco duro físico que se tratan como unidades de almacenamiento distintas. Una partición dicta el tamaño del clúster de un disco. Básicamente, las particiones más grandes tienen clusters más grandes. Eso no sería un problema, excepto que un clúster puede contener datos de solo un archivo a la vez. Por lo tanto, si se almacena un archivo de dos kilobytes en un clúster de 32 kilobytes, los 30 kilobytes restantes no se pueden usar para ningún otro propósito. Cuando se trata de clústeres grandes, los usuarios corren el riesgo de acabar con una gran cantidad de espacio desperdiciado en su disco duro. Se puede minimizar la cantidad de espacio desperdiciado creando particiones pequeñas.

El sistema de archivos que su sistema operativo utiliza para organizar los datos en el disco duro podría ocasionar que pierda espacio valioso en el disco. Las versiones no tan recientes de Windows, emplean tres sistemas de archivos: FAT16, (tabla de asignación de archivos de 16 bits), FAT32 (FAT de 32 bits) y sistema de archivos NT. Cada sistema de archivos tiene sus características únicas, pero el punto central en este análisis es el tamaño del clúster admitido por cada uno de estos sistemas de archivos.

Básicamente, la FAT16 es menos eficiente que la FAT32. En una partición de 2 Gigabytes, por ejemplo, la FAT16 tiene grupos de hasta 32 Kilobytes, mientras que la FAT32 tiene grupos de 4 kilobytes y la tecnología NTFS tiene grupos de 2 Kilobytes, ha de tenerse en cuenta que un clúster puede contener datos para un solo archivo. Un archivo de 6 kilobytes ocuparía un clúster en un disco FAT16, dejando 26 kilobytes de espacio desperdiciado. El mismo archivo ocuparía dos clústeres en una unidad FT32, desperdiciando solo 2 kilobytes de capacidad de almacenamiento. En una unidad NTFS, el archivo cabría en tres clústeres de 2 kilobytes, sin perder absolutamente ningún espacio. Es fácil determinar qué sistemas de archivos son los más eficientes.

Daño físico del Disco Duro. ¿Qué hacer?

Si usted escucha un fuerte ruido de raspado proveniente del interior de la máquina, este pudiera tratarse del sonido producido por un cabezal (el mecanismo dentro de una unidad que lee y escribe datos en el medio de almacenamiento) golpeando uno de los platos del disco (en los platos del disco se almacenan los datos, ese espacio físico es el lugar de almacenamiento real). A esto se le conoce como un choque de cabezal, y el efecto que tiene en su disco es algo parecido a pasar un tenedor sobre la superficie de un disco compacto.

Cuando escuche por primera vez el ruido del raspado, apague su computadora personal inmediatamente y no la vuelva a encenderla. A continuación, comuníquese con el fabricante de la unidad y luego acuda a un servicio de recuperación de datos que podría ayudarlo a recuperar al menos algunos de los valiosos datos contenidos en la unidad destruida.

Error de falla inminente. ¿Cómo proceder?

En este caso, se recibe un mensaje que indica la necesidad de hacer una copia de seguridad inmediata de cualquier dato importante y reemplazar el disco duro porque "una falla puede ser inminente".

Si este es su caso, usted ha recibido una alerta INTELIGENTE. No es un virus extraño, sino una tecnología de monitoreo incorporada en la mayoría de los discos duros. SMART significa, traducido al Español, algo así como "análisis auto controlado y tecnología de informes", y mide continuamente diversos aspectos del rendimiento del disco, como la altura del cabezal (la distancia entre el disco y el cabezal), reintentos (intentos repetidos de leer o escribir datos en un disco) y el tiempo de aceleración (el tiempo que tardan los platos de la unidad en alcanzar la velocidad óptima, partiendo de un punto dado). Cuando descubre una tendencia a la baja en cualquiera de estas áreas, se activa una alerta SMART. Tal mensaje le permite saber que la unidad exhibe un comportamiento que sugiere un posible error. El mejor curso de acción cuando vea una alerta INTELIGENTE es hacer una copia de seguridad de sus datos y comunicarse con el fabricante del disco duro para averiguar cómo proceder. Si el disco duro estuviera cercano a llegar al final de su tiempo útil de explotación, debería ser posible la adquisición de una unidad similar que aún pueda instalarse en su computadora y que herede los datos rescatados por medio de la salva o copia de seguridad realizada.

CONCLUSIONES:

- Un disco duro es el dispositivo de almacenamiento masivo de que disponen prácticamente todas las computadoras modernas (a excepción de algunos clientes ligeros y otros pocos casos). En él se instalan el sistema operativo y los programas de aplicación que vamos a utilizar, en conjunto con algunos utilitarios, así como los documentos que se vayan creando con esas aplicaciones.

- Existió un período en la historia de las computadoras personales en el que los discos duros fueron considerados un componente problemático, toda vez que las operaciones con este aditamento dependían en gran medida de tener que lidiar con su configuración a través de "jumpers" o puentes, así como la aplicación de cambios en la configuración del BIOS. Un disco duro problemático constituía un verdadero quebradero de cabeza, reservado únicamente a especialistas. Esta situación ha cambiado para bien, facilitándose las operaciones relacionadas con este componente.

- El rendimiento lento de estos componentes es el resultado de problemas comunes relacionados con la unidad; como la fragmentación, los errores presentes en el disco duro, los archivos entrecruzados y los clústeres perdidos. Por norma general, estos problemas son causados por el sistema operativo y no responden a un daño físico generado en la unidad de disco.

- Chkdsk.exe (su nombre es la abreviatura de Check disk), es una aplicación incluida en la mayoría de las versiones de Windows. Es utilizada para mostrar el estado y la integridad del sistema de archivo de los discos duros, memorias, tarjetas y otros medios de almacenamiento. Este utilitario incorporado al sistema operativo, es capaz de escanear, revisar y reparar problemas físicos en la superficie de los discos duros

- La desfragmentación de un disco duro consiste en el proceso de organizar los datos presentes en este soporte, de manera tal que sea posible una recuperación eficiente de estos datos por parte del sistema operativo. Para resolver el problema, debe ejecutar el Desfragmentador de disco. Esta útil herramienta de mantenimiento reorganiza los datos en dicho medio masivo de almacenamiento, además de marcar cualquier sector defectuoso que encuentre.

- Un conjunto heterogéneo de posibles causas pueden ser las responsables (ya sea por separado o en combinación) de que el sistema no reconozca la presencia de un disco duro ya instalado, entre estas se cuentan: conexiones inadecuadas de cables, cables viejos que no fueron sustituidos a tiempo, ubicación incorrecta de los jumpers o puentes, controladores de dispositivo inadecuados o BIOS no actualizado, el ataque de un virus informáticos, entre otras causas.

CONCLUSIONS:

- A hard disk is the mass storage device available to virtually all modern computers (with the exception of some thin clients and a few other cases). It is installed the operating system and application programs that we will use, together with some utilities, as well as the documents that are created with these applications.

- There was a period in the history of personal computers in which hard drives were considered a problematic component, since the operations with this attachment depended to a large extent on having to deal with their configuration through "jumpers" or bridges, as well as the application of changes in the BIOS configuration. A problematic hard disk was a real headache, reserved only for specialists. This situation has changed for the better, facilitating the operations related to this component.

- The slow performance of these components is the result of common problems related to the unit; such as fragmentation, errors present on the hard disk, cross-linked files and lost clusters. As a general rule, these problems are caused by the operating system and do not respond to physical damage generated in the disk drive.

- Chkdsk.exe (its name is the abbreviation of Check disk), is an application included in most versions of Windows. It is used to show the status and integrity of the file system of hard disks, memories, cards and other storage media. This utility incorporated to the operating system, is able to scan, review and repair physical problems on the surface of hard drives

- The defragmentation of a hard disk consists in the process of organizing the data present in this support, in such a way that an efficient recovery of this data by the operating system is possible. To resolve the problem, you must run the Disk Defragmenter. This useful maintenance tool reorganizes the data in said mass storage medium, in addition to marking any defective sector that it finds.

- A heterogeneous set of possible causes may be responsible (either separately or in combination) for the system not recognizing the presence of a hard disk already installed, among these are: inadequate cable connections, old cables that were not replaced in time, incorrect location of jumpers or jumpers, inappropriate device drivers or BIOS not updated, the attack of a computer virus, among other causes.

REFERENCIAS BIBLIOGRÁFICAS:

1.- Universidad Politécnica Valencia. Departamento de Sistemas Informáticos y Computación. Conceptos básicos de hardware [Internet]. Valencia, España.; [citado 9 de abril de 2018]. Disponible en: users.dsic.upv.es/asignaturas/fade/oade/download/hw.pdf

2.- ¿Disco duro lleno? Como aumentar espacio en mi disco duro. [Internet]. Actualidad Gadget. 2007 [citado 9 de abril de 2018]. Disponible en: https://www.actualidadgadget.com/disco-duro-lleno-como-aumentar-espacio-en-mi-disco-duro/

3.- NorfiPC.com. Revisar, comprobar y reparar discos duros con CHKDSK mediante la línea de comandos en Windows [Internet]. NorfiPC. [citado 9 de abril de 2018]. Disponible en: https://norfipc.com/comandos/chequear-reparar-discos-chkdsk.html

---